ジャズ・コンセプション・シリーズ　中級編
インターミディエイト・ジャズ・コンセプション
フルート

Jim Snidero（ジム・スナイデロ）著

Lew Tabackin（ルー・タバキン）模範演奏

15 great solo etudes

for jazz style and improvisation
with a new appendix included

JIM SNIDERO
INTERMEDIATE
JAZZ
CONCEPTION *Flute*

ATN, inc.

も く じ

Acoustic Recording にて収録

レコーディング・エンジニア：Michael Brorby

プロデューサー：Jim Snidero

エグゼクティブ・プロデューサー：Veronika Gruber

はじめに

インターミディエイト・ジャズ・コンセプションは、私がAdvance Musicで3番目に書き下ろした教本シリーズです。本シリーズの主眼点は、**サウンド，スウィング，アーティキュレーション，フレージング，ビブラート**、さらには**音楽性**や**伝統的なジャズ・スタイルを演奏する感覚の育成**など、ジャズ・スタイルの学習を助けることにあります。この目的は、既刊の2シリーズ、**イージー・ジャズ・コンセプション**（初級編）および**ジャズ・コンセプション**（中・上級編）と共通しています。

巻末のAppendixには、エチュードから抜粋したライン、スケールの一覧、およびこれらの知識をインプロヴィゼイションに活用する方法など、いくつかのアドバイスが含まれています。

付属CDには、ミュージシャンたちの極めてすばらしい演奏を収録しています。彼らの演奏は、本書のエチュードを、スタイル面から見て価値あるものに高めています。CDを聴くと、リズム・セクションがまさに本物で、非常によくスウィングする、最高のサウンドをくり出していることに同感するでしょう。本シリーズの楽器ごとに異なるソロイストは全員、優れたスタイル感覚と音楽性を兼ね備えた、経験豊富で著名なプレイヤーです。彼らのほとんどはインターネット上のジャズ・ミュージシャンのデータベースに掲載されており、またレコーディング作品の多くが、Down Beat誌や「The Penguin Guide to Jazz」などの一流出版物で高く評価されています。Criss-Cross, Concord, Milestone, Sharp Nine, Double Time, Blue Noteなどのレーベルより発売されている、彼らのリーダーおよびサイドマンとしての作品を聴くことを強くおすすめします。

これまでのシリーズで学んでいる学習者のみなさんの中に、付属CDの演奏を聴いたことがない人がいると聞いて、私は非常に驚いています。当たり前のように思えますが、**音楽を聴くことは、その演奏を学ぶための唯一の方法**です。本書はまさにその手段を提供するものなのです。付属CDですばらしいプレイヤーたちが示してくれる高度な演奏能力を、ぜひとも活用しましょう。

Jim Snidero
（ジム・スナイデロ）

謝　辞

励ましと援助を与えてくれたヴェロニカ・グルーバー、本作を非常に美しく演奏してくれたすばらしいミュージシャンたち、その演奏をすばらしいレコーディングにしてくれたマイケル・ブロービー、そして愛情をもって後押ししてくれた妻のミョン・シンに、心からの感謝を捧げます。

最後に、本書の音楽をすばらしい友人であったハンス・グルーバーの想い出に捧げます。彼の先見と判断がなかったとしたら、この作品たちが生まれることはなかったでしょう。

THE BAND

ルー・タバキン（フルート）

ピーター・ワシントン（ベース）

ケニー・ワシントン（ドラムス）

デヴィッド・ヘイゼルタイン（ピアノ）

収録メンバー

フルート：*Lew Tabackin*　ルー・タバキン
　　　　　　（2005 年 4 月 13 日収録）

ピアノ：*David Hazeltine*　デヴィッド・ヘイゼルタイン

ベース：*Peter Washington*　ピーター・ワシントン

ドラムス：*Kenny Washington*　ケニー・ワシントン

本書を個人で使用する場合

付属 CD には、1曲のエチュードにつき、2種類のトラックが収録されています。

1. 模範演奏トラック ················ ソロ[フルート]とリズム・セクション[ピアノ、ベース、ドラムス]が
一緒にエチュードを演奏している

2. プレイアロング・トラック········· リズム・セクション[ピアノ、ベース、ドラムス]の伴奏のみ(マイナスワン)

エチュードの練習を始める前に、まず模範演奏トラックでソロを何回か聴きましょう。トーン、タイム・フィール、フレージング、アーティキュレーション、ビブラートをどのようにしているか、さらに音楽的な解釈を聴き取ります。ジャズのスタイルを多様に表現するための要素はきわめて繊細なので、よく注意して聴くようにします。次は、模範演奏トラックに合わせて演奏し、ソロイストのスタイルと同じようにできるまで、くり返し練習しましょう。

模範演奏トラックと一緒に何回か演奏したら、次はプレイアロング・トラックと一緒に演奏して、模範演奏のパフォーマンスを再現してみましょう。この時、スタイルには常に注意を払います。また、プレイアロング・トラックに合わせた自分の演奏を録音して、模範演奏と比較してもよいでしょう。メトロノームだけを使って、さまざまなテンポでソロを演奏することもよい練習方法です。

プレイアロング・トラックを用いたインプロヴィゼイションの練習には、いくつかの方法があります。

1. エチュードとインプロヴィゼイションを交互に演奏する

　　例：Chorus 1 を演奏する ──→ Chorus 2 は最後の A セクションの前までインプロヴァイズ(アドリブ)して、最後の A セクションで、エチュードのメロディを演奏して終わる

2. トラックの全体を使ってインプロヴァイズする

　　本書の付属 CD は一般のプレイアロング教材よりもはるかに短いですが、短く簡潔なソロを展開するには十分な長さがあります。もちろん、従来のプレイアロング教材でも練習してみましょう。

本シリーズをグループで使用する場合

インターミディエイト・ジャズ・コンセプション・シリーズは、楽器ごと の分冊になっています。

　　■アルト・サックス　■テナー・サックス　■トランペット　■トロンボーン
　　■フルート　　　　　■クラリネット　　　■ギター　　　　■ピアノ

　　【リズム・セクション】■ベース・ライン　■ドラムス

エチュードは全巻共通で、ほぼ同じフレージングになっており、ジャズ・スタイルをビッグバンドやコンボなどのグループで学習(指導)するためにも役立ちます。

いずれかの楽器の CD から模範演奏トラック（ソロ＋リズム・セクション）を選び、グループ全体でフレージング記号に注意しながら聴きます。細かいところにもよく注意を払いましょう。次に、模範演奏トラックに合わせて、スタイルができるだけ同じになるように真似しながら演奏します。続いて、プレイアロング・トラック（リズム・セクションのみ）に合わせて演奏しましょう。

プレイアロング・トラックに合わせる場合は、例えば以下のように、ビッグバンドの楽器パートごとでエチュードのセクションを分けて演奏してもよいでしょう。

同じことを、ビッグバンドの中のソロイストを交えて、またスモール・グループでも行うことができます。その後、管楽器セクションは、付属 CD のレコーディングではなく、自分のバンドのリズム・セクションに合わせて演奏してみます。リズム・セクションは、CD と同じフィーリングで演奏できるように練習（指導）するとよいでしょう。

バンドのリズム・セクションと一緒に演奏する場合には、インプロヴィゼイションをするために、特定のセクションを回数を決めずにくり返すこともできます。例えば、最初のコーラスが終わったら、リズム・セクションは最初のコーラスのコードをソロのためにくり返し、ソロが終わったら、全員で Chorus 2 に戻って演奏を終わります。

Chorus 1 ➡ リズム・セクション：Chorus 1 のコードをくり返す ➡ 全員で Chorus 2 に戻って終了
その他の楽器：ソロを数コーラスくり返す

この他にも「半音上に移調する」「異なるテンポやフィールで演奏する」など、本シリーズにはさまざまな可能性があります。イマジネーションを働かせて、いろいろと応用しましょう！

すべてのエチュードがマスターできたら、次は、上級レベルの**ジャズ・コンセプション・シリーズ**に進み、より高度なエチュードに挑戦してみましょう。

ジャズ・コンセプション・シリーズでも述べていますが、本シリーズは**ルイ・アームストロング，チャーリー・パーカー，デューク・エリントン，マイルス・デイヴィス，カウント・ベイシー，ジョン・コルトレーン，ソニー・ロリンズ，J.J. ジョンソン，ウェス・モンゴメリー，セロニアス・モンク，レイ・ブラウン，ディジー・ガレスピー**など、多くの偉大なジャズ・ミュージシャンを聴いて学ぶことの代わりとはなりません。**インターミディエイト・ジャズ・コンセプション・シリーズ**は、偉人たちの音楽への導入と学習の補助となることを目指したもので、それは彼らの音楽への賛辞なのです。本書を楽しみ、そして活用してくれることを願っています。

ジャズ・スタイル

スタイルとは、音楽に命を吹き込むもののことです。私は、スタイルの達人である**フランク・シナトラ**と何年にもわたって仕事をしていました。その間に「1つひとつの音に対して何をするかということが、**実際に出されるピッチそのものと同じように重要である**」ということに気づかされました。スタイルは、音楽に人間的な性質を付け加え、より興味深く、より充実したものにします。ジャズを説得力のある、本格的なサウンドにするためには欠かすことができません。

ジャズ・スタイルに不可欠な要素とは、**サウンド**、**タイム・フィール**、**アーティキュレーション**、**フレージング**、**ビブラート**、**ダイナミクス**、そして何よりも**音楽性**です。これらの要素を身につける唯一の方法は、**優れたプレイヤーたちの演奏を熱心に聴き、彼らのスタイルを再現できるまで練習すること**です。本書の付属CDは、上記の要素の優れた例を示しています。

■ サウンド

偉大なサックス奏者ソニー・スティットは、ケン・ペプロウスキーに「どんなサクソフォンでもオリジナリティのある音が出せるのはなぜか」と聞かれた時、「すべては頭の中にあるんだよ」と答えました。**ソニー**が言った意味は、サウンドという概念は、優れたプレイヤーを学ぶことで**自分が出したいサウンドについてのアイディアを創り上げ、その後に、はじめて頭の中に聴こえてくるもの**だということです。エチュードを練習する時は、ソロイストのサウンドを頭の中で反芻し、それを再現するようにしてみます。特に、カラー・芯・力強さをよく聴きましょう。

■ タイム・フィール

演奏される音楽ジャンルに関わらず、卓越したミュージシャンたちは心地よい演奏をします。心地よい演奏とは通常、**音楽をゆったりしたものにすると同時に（だらけた感じではなく）緊張感を保ち、演奏に落ち着いた緊迫感をもたせること**を意味します。ジャズ特有の要素は、言うまでもなくスウィングです。スウィングの感覚を言語ではっきりと定義することはほぼ不可能ですが、サウンドを聴けばはっきりとわかります。この場合も、スウィング・フィールを身につける最もよい方法は、**プレイヤーが音源で示しているフィーリングを再現できるように練習すること**です。特に、以下に示したアーティキュレーションをつけた8分音符（スケールとライン）をしっかり練習しましょう。

■ アーティキュレーション

ジャズにおいて8分音符にアーティキュレーションを付ける最も一般的な方法は、オフビート、つまり**弱拍をタンギングすること**です。それによってシンコペートしたフィールが創り出され、スウィングしたラインになります（ピアノ、ギターは、同じ音にわずかにアクセントをつけることによって、同じ効果を創り出すことができる）。タンギングするオフビートの音を短くしすぎると陳腐なラインになってしまうので注意しましょう。**スローテンポの場合を除き、ひとつのラインに含まれる8分音符の長さはほぼ同じ**です。くり返しますが、オフビートをスウィングさせるのはタンギングです。オフビートをタンギングしながらスケールを練習しましょう。

Fメジャー

エチュード15　**Night Eyes** (p.54)

■ フレージング

ここでのフレージングとは、**演奏しているフレーズの形を整える目的で使用するベンド、グレース・ノート**（装飾音）、**音の長さ**（マルカート，レガート，スタッカートなど）のことです。経験の浅いプレイヤーは、長くしすぎたり音が低すぎたりすることがあります。ほとんどの場合、ベンドは音をアタックする時にあごの圧力をわずかに緩めて（ギターの場合は弦をベンドし）、ピッチをわずかに下げ、その後正しいピッチに上げることによって演奏します（ピアノは音をベンドすることはできません）。

グレース・ノートは、目標とする音の半音下の音を実際にフィンガリングして出し、行き先となる音へ素早く切り替えることによって演奏します。

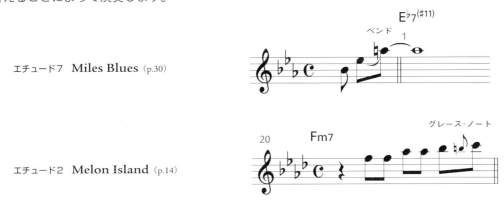

エチュード7　Miles Blues（p.30）

エチュード2　Melon Island（p.14）

エチュード中に、音の長さの使い分けによるフレージングが数多く指示されているので、よく注意しましょう。特に短い音（マルカート＝∧）を、短くしすぎないようにします。

エチュード4　St. Sonny（p.20）

■ ビブラートとダイナミクス

ビブラートは好み次第です。ほとんど使わないプレイヤー（例：**マイルス・デイヴィス**）もいれば、また非常に多く使うプレイヤー（例：**ルー・タバキン**）もいます。もちろん、ピアノにはビブラートをつけることができません。大事なことは、**レコーディングを聴いてさまざまなスタイルのビブラートを再現する練習を、完全にマスターできるまで継続すること**です。さまざまなプレイヤーの、長く延ばした音に対するダイナミクスの陰影のつけ方に注意しましょう。例えば、音の出だしはソフトに、わずかにクレッシェンドして、最後は消えるように終わらせているかもしれません。

■ 音楽性

最後に、音楽性こそが、すべてを超越してよいサウンドにするかを決定する要素です。これを身につける唯一の方法は、**すばらしいミュージシャンの演奏を聴くことだけ**です。音楽性には直観、判断力、そして言葉にはできないわずかな魔法が必要です。**もし音楽性をもった演奏をしていなければ、それ以外のものはすべて、ほとんど意味をもちません！**

エチュード 1
Splank Street

Track 3 模範演奏（全パート）
Track 18 プレイアロング（マイナスワン）

▌ 学習ポイント

1. ダイナミクスにはっきりとしたコントラストをつけることによって、曲にストーリーが生み出されます。ダイナミクスによく注意し、またどの音量においても芯のあるよく響く音を保ちましょう。

2. トリッキーでなかなか難しいテンポなので、グルーヴが安定したタイム・フィールで演奏しないと、硬いサウンドになってしまいます。リラックスした、よくスウィングする演奏を心がけましょう。

3. メトロノームをゆっくりとしたテンポで2拍目と4拍目に鳴らしながら、8分音符でスケールを練習しましょう。可能な限り正確なタイムでスケールを練習することで、タイム感が鍛えられます。

4. 休符の使い方によく注意し、リスナーが何となく休符を予測できるようにしてみましょう。休符は曲に息をつくスペース（間）を創り出し、リズム・セクションがソリストに反応する機会にもなります。この効果が特にはっきりとわかるのは、57, 59 ～ 61小節目で**ピーター・ワシントン**が演奏するベース・ラインが、休符を埋めている部分です。

5. 演奏を個性的にしている、音符に対するわずかなベンドをよく聴き取りましょう。ベンドがかかった演奏が聴こえたらCDを止め、同じようにベンドが演奏できるように、その1音だけを練習しましょう。

▌ 参考レコーディング

▶ カウント・ベイシー 　　　　『Frankly Basie -
　　　　　　　　　　　　　　Count Basie Plays the Hits of Frank Sinatra』

▶ ルイ・アームストロング 　　『16 Most Requested Songs』

エチュード2
Melon Island

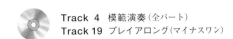

Track 4 模範演奏（全パート）
Track 19 プレイアロング（マイナスワン）

▌学習ポイント

1. この曲は、1960年代にBlue Noteレーベルでレコーディングされた多くの曲にも似た、ファンキーなストレート8thフィールで演奏されます。

2. 全体にFマイナー・ペンタトニック（F, A♭, B♭, C, E♭）およびFブルース・スケールが用いられています。実際に、このサウンドは、Fm7コードとD♭7コードに共通する音を見つけ出すことによって、両方のコードに対して使用することができ、心地よい連続性と流れが創り出されます。

3. エチュード1 Splank Streetと同様に、休符が曲のグルーヴとブレスするスペースを創り出しています。

4. 長 − 短のアーティキュレーションは、ラインに対してパーカッシブな効果を創り出し、フォワード・モーション（推進力）を与えます。

▌参考レコーディング

▶ ハービー・ハンコック　　　　『Empyrean Isles』

▶ ウェイン・ショーター　　　　『Adam's Apple』

in C

Track 3　模範演奏（全パート）
Track 18　プレイアロング（マイナスワン）

エチュード 1

Splank Street

Jim Snidero

♩ = 112 *Swing*

in C

エチュード 2

Melon Island

Track 4　模範演奏（全パート）
Track 19　プレイアロング（マイナスワン）

♩ = 72 *Straight 8th*

Jim Snidero

5〜14 小節目では F マイナー・ペンタトニックを使用

D♭7 上の F ブルース・スケール

エチュード3
Green Fin

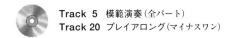

Track 5 模範演奏（全パート）
Track 20 プレイアロング（マイナスワン）

▍学習ポイント

1. イントロと Chorus 1 と 2 の冒頭 8 小節における *ペダルの使用、および **ケニー・ワシントン**のブラシによる演奏が、天上の音楽のように軽快な特徴を創り出しています。ソフトなセクションでは力を入れすぎず、できるだけ音楽的な演奏になるように、ムードを創り出しています。

2. ペダルの終わりから始まっているラインは、音数が少ないペダル・セクションとの効果的なコントラストと、フォワード・モーションを与えています。明瞭で正確なアーティキュレーションで演奏しましょう。

3. ベースが Chorus 1 のペダルの後では**イン2**（1 小節を 2 拍で感じること）で、Chorus 2 のペダルの後では**イン4**（1 小節を 4 拍で感じること）で演奏し、タグ（Tag）で再びペダルに戻っていることに注意しましょう。

4. このエチュードにはたくさんの II-V-I 進行のアイディアが含まれていますが、多くは V コードに対して ♭9 が用いられています。アイディアのタイミングによく注意しましょう。

▍参考レコーディング

▸ マイルス・デイヴィス　　　　　『1958 Miles』

▸ ビル・エヴァンス　　　　　　『On Green Dolphin Street』

---

* pedal：ある程度の長さにわたって使われる通奏低音

エチュード4
St. Sonny

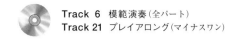

Track 6　模範演奏（全パート）
Track 21　プレイアロング（マイナスワン）

▌ 学習ポイント

1. ラテン・フィールの曲を演奏する時には、*トップ・オブ・ザ・ビートで演奏して、遅れないようにしましょう。タイムをより明確に聴き分けるために、以下のエクササイズに取り組みましょう。

タイム・フィールを鍛える練習

♩=60 に設定したメトロノームを鳴らしながら、
きっかり正確に、**ビートに完全に合うように**4分音符を演奏する

次にビートに対して**わずかに速くなるように**、ビートの手前で演奏する

続いてビートに対して**わずかに遅くなるように**、ビートの後ろで演奏する

---

2. このエチュードは**ソニー・ロリンズ**のスタイルにとてもよく似ています。エチュード全体に、シンプルなダイアトニックのラインが数多く含まれていることに着目しましょう。それによって、リスナーの耳に共鳴する、心地よくメロディックなソロになっています。実際に、Chorus 4 までは変化音はごく少数しか使われていません。

3. この曲のチェンジ上でソロを演奏する場合、コンサート・キーの C メジャー・スケールのみを用いたインプロヴィゼイションが可能です。その際にも、メロディックでリリカルな演奏をすることがポイントです。また、55〜56小節目のように、コード・チェンジを明確に描き出すアイディアを演奏してもよいでしょう。シンプルなチェンジでは、ダイアトニックとコード・トーンに基づいたアイディアを交互に用いると、よいコントラストのソロになります。

4. リフ風のフィギュアに基づいたアイディアがいくつか出てきます（18〜25，37〜40小節目）。リフは短いフレーズのくり返しですが、わずかに変化を加える場合もあります。リフを使用することで、ソロに興味を引きつける流れや連続性をもたせています。

▌ 参考レコーディング

▶ ソニー・ロリンズ　　　　『Saxophone Colossus』

▶ シダー・ウォルトン　　　『A Night at Boomers, Vol.1』

---

* Top of the Beat：ビートをやや早めに感じること。ビートの感じ方には大きく分けて3つのポイントがあり、ちょうど真ん中で感じることを「On the Beat（オン・ザ・ビート）」、やや遅れ気味に感じることを「Behind the Beat（ビハインド・ザ・ビート）」と呼ぶことがある

in B♭

Track 5　模範演奏（全パート）
Track 20　プレイアロング（マイナスワン）

エチュード3

Green Fin

Jim Snidero

エチュード5
Voyage

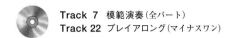 **Track 7** 模範演奏(全パート)
Track 22 プレイアロング(マイナスワン)

▌学習ポイント

1. この曲はラテン・フィールで、エチュード4　St. Sonny よりもさらに現代的なモーダル・スタイルで書かれています。1つを除き、すべてのコードがドミナント sus サウンドになっており、曲にオープンで軽快なフィーリングを与えています。sus コード上で用いられているスケールは、通常のドミナント7th コードの場合と同じミクソリディアン・スケールです。

2. 曲のムードに合った演奏を心がけましょう。全体を激しく演奏しすぎると、あまりよいサウンドになりません。できる限りなめらかなサウンドのラインになるように演奏しましょう。

3. この曲ではテーマ(主題)の展開が用いられています。11〜16小節目で提示したアイディアを、その後のフレーズで展開しています。

4. フレーズの中で同じ音がくり返されるところが何ヵ所かあり、強く主張するようなフィーリングを創り出しています(8〜9小節目, 30〜31小節目, 42小節目)。

▌参考レコーディング

▶ ハービー・ハンコック　　　　『Maiden Voyage』

エチュード6
Confirmed

Track 8　模範演奏（全パート）
Track 23　プレイアロング（マイナスワン）

▌学習ポイント

1. 気持ちよく感じさせることが非常に難しいテンポの曲です。しっかりとしたアーティキュレーションで演奏することが重要ですが、8分音符はゆったりとスウィングしていなくてはなりません。エチュード1 **Splank Street** の学習ポイント3（p.10）でも解説したように、使われているスケールをメトロノームを用いて8分音符で練習しましょう。この場合は ♩=66 で、メトロノームを2拍目と4拍目に鳴らします。ジャズ・スタイル（p.8）で説明されているジャズ・アーティキュレーションを使いながら、タイムに対するそれぞれの音の位置をできるだけ正確に演奏しましょう。

2. ∾ 記号はターンを表しています。正確なリズムと*ピッチを記譜すると、以下の右の楽譜のようになります。∾ が書かれている音の上に1音を加え、3連符の形で元の音に戻ります。

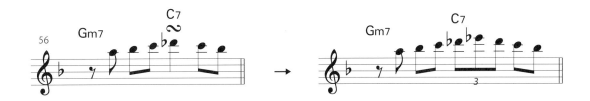

3. このエチュードは、ジャズにおいてよく使われる II-V-I 進行を覚えるのに適しています。曲中に多数出てくる1〜2小節の II-V-I フレーズを抜き出し、他の曲でのインプロヴィゼイションにも使ってみましょう。例えば38〜45小節目では、コード進行に沿って進むためにラインがどのようにつなぎ合わされているかを、よく注意しましょう。

4. 39〜40，49〜52，53〜55小節目など、非常に典型的な**チャーリー・パーカー**のフレーズがいくつか使われています。また、2回目のブリッジ（49〜56小節目）で使われている2つの II-V-I アイディアは、コード・チェンジに対してほぼ完全にダイアトニックですが、とても効果的なシェイプを形成しています。これは、キーの外側にあるテンション・ノート（例：オルタード V コード）を使わない場合でも、ユニークなサウンドを創り出せることを示しています。

▌参考レコーディング

▶ チャーリー・パーカー　　　　　『Confirmation : The Best of the Verve Years』

▶ ソニー・スティット　　　　　　『Stitt Plays Bird』

*pitch：音高、絶対的な音の高さ

in B♭

Track 7　模範演奏（全パート）
Track 22　プレイアロング（マイナスワン）

エチュード5

Voyage

Jim Snidero

エチュード 7
Miles' Blues

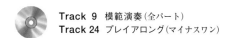

Track 9 模範演奏（全パート）
Track 24 プレイアロング（マイナスワン）

学習ポイント

1. ♯11のサウンドが強調されたブルースのメロディが、ミステリアスな特徴を醸し出しています。このサウンドで用いられているスケールはミクソリディアン♯11（リディアン♭7）です。

E♭ミクソリディアン♯11

2. メロディには音価の長い音が多用され、休符がほとんどないことに注意します。ただし、Chorus 3 〜4 （ソロ・セクションの冒頭2コーラス）では、対称的に短いフレーズと長い休符が使われています。エチュード 1 **Splank Street**の学習ポイント 4 （p.10）でも述べたように、このような休符はリスナーが展開を予測しながら聴けるという効果があります。休符を活用することを心がけて、インプロヴィゼイションの練習をしてみましょう。1フレーズを演奏したら、意図的に最長2小節まで休んでみます。

3. 曲全体に**マイルス・デイヴィス**のスタイルのアイディアが用いられており、とてもメロディックで、まるで歌のようです。使用しているアイディアはダイアトニックで、曲中ではまったくパッシング・トーン（経過音）を使用していません。それぞれのアイディアの中に、特定のムードを創り出す重要な音がどのように用いられているかを注意しましょう。コーラスの展開に従って、わずかに前のフレーズのムードを変化させていくことで、曲にフォワード・モーションの感覚と意義を創り出しています。

参考レコーディング

▶ マイルス・デイヴィス　　　　　　『**Milestones**』

▶ キャノンボール・アダレイ　　　　『**Cannonball and Coltrane**』

エチュード 8
Freedom

Track 10 模範演奏（全パート）
Track 25 プレイアロング（マイナスワン）

▌ 学習ポイント

1. 楽しくいきいきとした曲で、テナー・サックス奏者**エディ・ハリス**によって有名になった 4 度インターヴァルのサウンドが強調されています。 4 度をくり返し使用することは、コード・チェンジの**アウトサイド**に出て行くための効果的な方法です。 3 度に基づいたフレーズよりもインターヴァルがオープンなため、キー・センターも希薄になります。

2. 4 度のサウンドとは対称的に、ブルージーなアイディアも数多く用いられています。曲の中で何ヵ所か、6th-♭3rd によるトライトーンが、ブルースのような *コンテクストで用いられています。このトライトーンが、フレーズに洗練された明るいサウンドのエッジを創り出しています。

3. この曲は 1 つのコードのみに基づいて書かれていますが、ダイアトニックな領域では、（インサイドの範囲内だけを見ても）さまざまなハーモニーのアイディアが使われています。特に、メジャー 3rd とマイナー 3rd を入れ換えるアイディアは、この曲にブルースとよく似た効果を与えています。

▌ 参考レコーディング

▶ エディ・ハリス　　　　　　　　『**The in Sound / Mean Greens**』

▶ マイルス・デイヴィス　　　　　『**Miles Smiles**』

---

* context：前後関係、状況、文脈、背景

in B♭

Track 9　模範演奏（全パート）
Track 24　プレイアロング（マイナスワン）

エチュード 7
Miles' Blues

Jim Snidero

in B♭

エチュード 8

Freedom

Track 10　模範演奏（全パート）
Track 25　プレイアロング（マイナスワン）

♩ = 80 *Straight 8th*

Jim Snidero

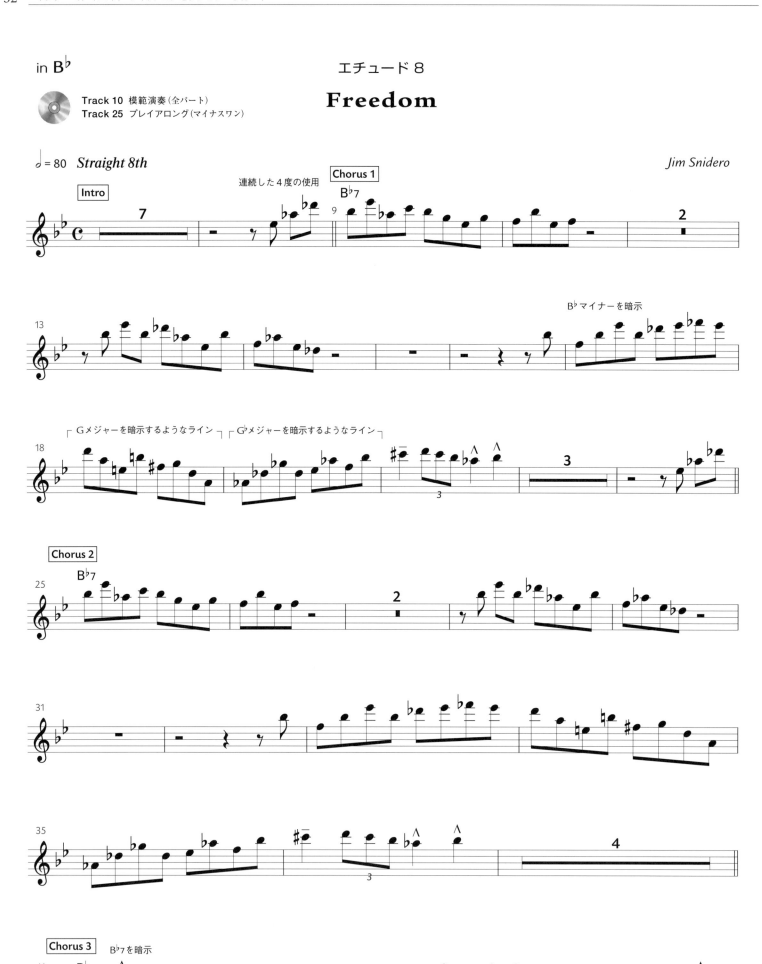

エチュード９
Bird's Ballad

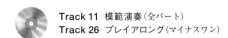

Track 11 模範演奏（全パート）
Track 26 プレイアロング（マイナスワン）

▌ 学習ポイント

1. バラードの解釈においては、アイディアや長く延ばした音に対する、ダイナミクスのシェイプがとても重要です。通常は下の譜例のように、あるフレーズが上行するにしたがって音が大きくなり、下行するにしたがって小さくなります。長く延ばした音の最後を、少しずつ小さくしていく方法もよく使われます。コントラストの多くは非常に繊細な違いです。コントラストをつけすぎると不自然なサウンドになってしまうので、注意しましょう。いくつかの重要なテクニックについて解説しましたが、バラードで最も大切なことは、音楽的な演奏をする意識です。これは表面的な技術だけではなく、心の深いところで本質を感じ取って表現するしかありません。

2. ３回くり返すＡセクションの冒頭４小節（１〜４，９〜12，25〜28小節目）では、いずれも**シークエンス**が用いられています。最初の小節（１，９，25小節目）でアイディアが提示され、リズムとハーモニーが変化しながらくり返されます。シークエンスは、音楽的に過度でなければ、ソロに論理性とフォワード・モーションの感覚を創り出す効果的な方法のひとつです。

3. ５〜６，13〜14，29〜30小節目など、ⅠコードとⅣコードの両方に対して、ブルースと同じようにブルース・スケールを使用できます。この曲では、９，11，13などのカラー・トーンを強調したアイディアが用いられた後なので、ブルース・スケールの使用が効果的な場所です。

4. 15小節目のようにコードが細かく変化する動きに対しては、素早く半音上がり、続いて下がるハーモニー上でのアイディアのくり返しが効果的です。

▌ 参考レコーディング

▸ チャーリー・パーカー　　　　　　　　　『Charlie Parker on Dial』

▸ ソニー・ロリンズ ＆ コールマン・ホーキンス　　『Sonny Meets Hawk!』

エチュード 10
Trane's Thing

Track 12 模範演奏（全パート）
Track 27 プレイアロング（マイナスワン）

■ 学習ポイント

1. この曲は、1963 年頃のジョン・コルトレーンの演奏スタイルに基づいています。96 小節目に出てくる変化音 1 つを除き、すべての音がダイアトニックで、全体が民俗音楽調のメロディになっています。

2. ラインの多くは、以下の 3 種類のペンタトニック・スケールに基づいています。構成音の違いは 1〜2 音のみですが、わずかに特徴が異なっています。相互共通音を含む（近いキーの）ペンタトニックを使用することで、同じリズムやフレーズがくり返され、眠気を誘うような効果が生まれます。

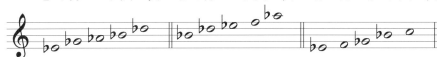

3. このスタイルの演奏での 8 分音符は、通常ストレート気味に演奏します。ストレート8th に近づくことでわずかに現代的なサウンドになりますが、それでもスウィング感は保っていなければなりません。1. で解説した 1963 年頃の**コルトレーン**と彼のバンドのピアニスト**マッコイ・タイナー**の演奏を聴き、ペンタトニックをどのように使用すればスタイルが決まるのかを聴き取りましょう。

4. 特にリズム・セクションは非常に力強く、曲全体のエネルギーレベルが高いため、モーダル期のコルトレーン・カルテットのスタイルで演奏する場合は、ソロイストが熱くなりすぎないことが重要です。コントロールを失わないように、曲の中には休符がたくさん含まれています。休符によってリラックスした演奏が保たれ、リズム・セクションが反応できます（64 小節目のドラム・フィルがよい例）。

■ 参考レコーディング

▶ ジョン・コルトレーン　　　『Live at Birdland』

▶ ジョン・コルトレーン　　　『Coltrane』

in B♭

Track 11　模範演奏（全パート）
Track 26　プレイアロング（マイナスワン）

エチュード 9
Bird's Ballad

Jim Snidero

♩ = 63 *Ballad*

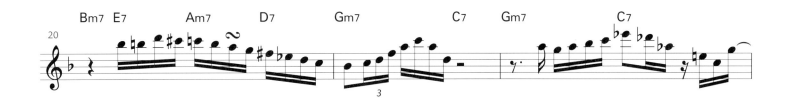

*1 ロクリアン♯2

*2 ハーフ・ディニミッシュに
よってより暗いカラーが
創り出されている

slight rit.

*1 Locrian♯2：メジャー・スケールを基にしたロクリアンに比較して、ロクリアン♮2 と呼ぶ人もいるが、メロディック・マイナー・スケールのモードとしては、
ロクリアン♯2（またはロクリアンsus2）が一般的。ただし、表記が♯2でもピッチは♮2

*2 half diminished chord：ハーフ・ディミニッシュ・コード（∅）は、マイナー7th フラット5（m7(♭5)）と同じ

in B♭

エチュード 10
Trane's Thing

Track 12　模範演奏（全パート）
Track 27　プレイアロング（マイナスワン）

Jim Snidero

♩ = 168 *Swing*

エチュード11
You Need Not

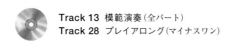

Track 13　模範演奏（全パート）
Track 28　プレイアロング（マイナスワン）

学習ポイント

1. エチュード10 Trane's Thing（p.38）の8分音符とは対照的に、この曲の8分音符はもう少しスウィングしています。わずかな違いなので注意しましょう。大げさにスウィングすると、やぼったくなったりコンテクストから外れたサウンドになってしまいます。ジャズ・アーティキュレーションを用いて、次のラインを練習しましょう。

2. 2つあるブリッジ（25〜32，57〜64小節目）では、両方ともトライトーン・インターヴァルのみを用いています（57〜64小節目では転回されている）。これによってブリッジが、トーナル・センターをもたないようなフィーリングを創り出します。また、各ブリッジの最後4小節は、動きが速いコードを通り抜けるための効果的な方法にもなります。

参考レコーディング

▶ セロニアス・モンク　　　　『Genius of Modern Music Vol.1』

▶ マイルス・デイヴィス　　　『Steamin'』

エチュード 12
Things

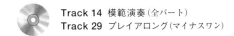

Track 14 模範演奏（全パート）
Track 29 プレイアロング（マイナスワン）

学習ポイント

1. エチュード 6 **Confirmed** の学習ポイント 1（p.23）でも述べましたが、このテンポではリラックスしながらも、正確なタイム・フィールとアーティキュレーションが重要です。

2. 21小節目のコード上における 4 度のアイディアが、トーナル・センターから半音ずれているにもかかわらず、22小節目のコードになめらかにつながっていることに着目しましょう。

3. 29〜30小節目のアイディアはトライトーン離れていますが、これは、Ⅴコードに変化をつけながらもよいメロディを保つ一般的な方法です。

4. 45〜67小節目ではソロとドラムスが交互に、4 小節ずつのトレードし、続いて 2 小節ずつのトレードで演奏しています。CD のドラムスの演奏を注意深く聴き、演奏しているリズムを聴き取りましょう。また、同時に頭の中でカウントし、次に自分がどこから入ればよいか正確に把握しましょう。

参考レコーディング

▶ チャーリー・パーカー　　　　『The Dail Sessions』

▶ ディジー・ガレスピー　　　　『Groovin' High』

in B♭

Track 13 模範演奏（全パート）
Track 28 プレイアロング（マイナスワン）

エチュード11
You Need Not

Jim Snidero

♩= 96 *Swing*

エチュード 12
Things

in B♭

Track 14 模範演奏（全パート）
Track 29 プレイアロング（マイナスワン）

♩ = 132 *Swing*

Jim Snidero

エチュード13
Days Ago

Track 15 模範演奏（全パート）
Track 30 プレイアロング（マイナスワン）

▌学習ポイント

1. 曲のテンポがかなり速いので、常に**トップ・オブ・ザ・ビート**（p.17 の脚注参照）でタイムをとらえるように、またあまり強く演奏しすぎないようにしましょう。速いテンポで演奏する場合には、8分音符の長さがより均等になり、アーティキュレーションをあまり明瞭につけられなくなります。

2. 17～20小節目は、コードがサークル・オブ 4th に沿って下行するにしたがって、同じフレーズが半音ずつ下がっています。このアイディアは**トライトーン・サブスティテューション**の原理を利用したもので、それによって示唆されるコードは、A_7–D_7–G_7–C_7 ではなく A_7–$A\flat_7$–G_7–$F\sharp_7$ です。

3. Chorus 3 ～ 4（ソロ風のセクション）では、Im コードに対してナチュラル13 が非常に強調されています。主にナチュラル13 とマイナー3rdの間のトライトーン・インターヴァルによって、アイディアがより力強くなっています。

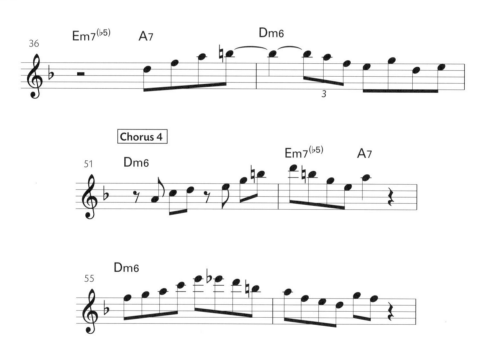

▌参考レコーディング

▶ ソニー・スティット　　　　『**Sonny Stitt Plays**』

▶ チャールズ・ミンガス　　　『**Mingus Three**』

エチュード 14
Stellar

Track 16 模範演奏（全パート）
Track 31 プレイアロング（マイナスワン）

▌ 学習ポイント

1. この曲は、1960 年代初期の**マイルス・デイヴィスバンド（ジョージ・コールマン，ハービー・ハンコック，ロン・カーター，トニー・ウィリアムス**を従えたバンド）のスタイルに基づいた、有名なスタンダードの改作です。ここで用いているアイディアは、特に**ジョージ・コールマン**のものに類似しており、明確なメロディ、興味深いオルタード V7 のアイディア、4 度インターヴァルの使用が特徴です。

2. よいサウンドの一例として、25・27 小節目に見られるような、ロクリアン・サウンドにおけるナチュラル 2nd の使用があげられます。これは、通常暗いサウンドをもつマイナー 7th$^{(\flat5)}$（ハーフ・ディミニッシュ＝ø）コードに対して、きわめて明るく新鮮なサウンドをもっています。

3. オルタード V7 コードに対して使用されている、以下の 2 つの古典的なアイディアを、すべてのキーで学んでおきましょう。V7 コードの音を変化させると、ラインにテンションとカラーが加えられ、フォワード・モーションの感覚が創り出されます。

▌ 参考レコーディング

▸ マイルス・デイヴィス　　　　　『**My Funny Valentine**』

▸ エラ・フィッツジェラルド　　　『**Clap Hands, Here Comes Charlie!**』

in B♭

エチュード 13

Days Ago

Track 15　模範演奏（全パート）
Track 30　プレイアロング（マイナスワン）

♩= 92 *Swing*

Jim Snidero

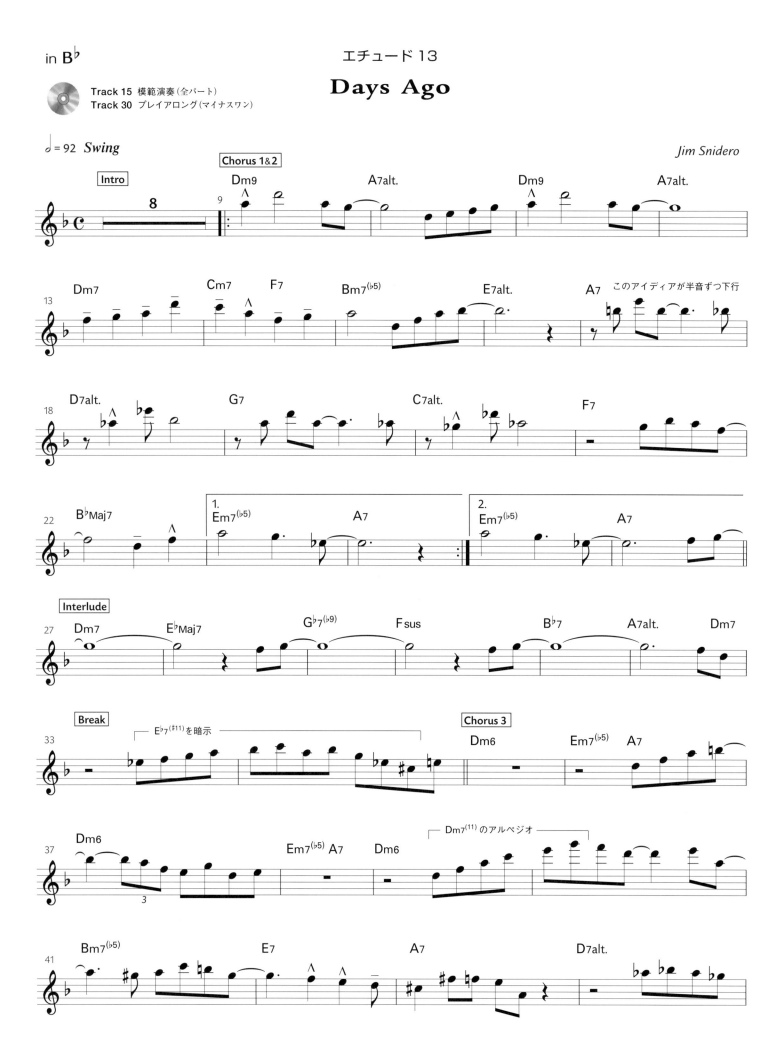

ジャズ・コンセプション・シリーズ

エチュード 15
Night Eyes

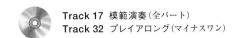

Track 17 模範演奏（全パート）
Track 32 プレイアロング（マイナスワン）

▌学習ポイント

1. このエチュードで最も難しいのは、ラテン・フィールからスウィング・フィールへの切り替えです。25小節目のようにスウィング・フィールへ切り替わる時、特に8分音符が速くなってしまう傾向があります。この切り替えをメトロノームを♩＝96に設定し、21〜28小節目のパッセージを使って練習しましょう。変化を大げさにしないように注意します。ラテンの8分音符はよりストレート8thに近く、スウィング8thは少しスウィングして浮き上がるような感じになります。

2. 17〜20小節目のアイディアは**So What ヴォイシング**として知られ、**ビル・エヴァンス**が「So What」で用いたヴォイシングをヒントにしています。このヴォイシングはボトムに4度インターヴァルを、トップに3度インターヴァルを用い、オープンなサウンドをもっています。

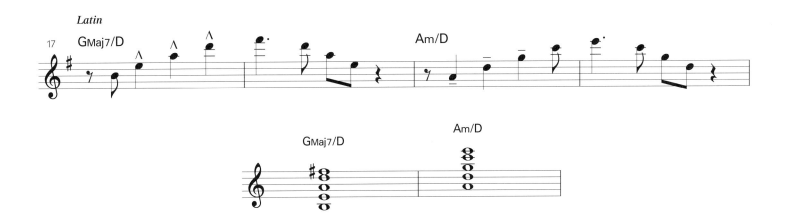

3. タグには III - VI - II - V のターンアラウンドが用いられています。これは**エチュード3 Green Fin**の37〜38小節目と、曲の終わりのタグ（73〜74小節目）でも使われており、曲のフォームを拡張するために用いられる典型的な方法です。ここではタグは比較的短く終わっていますが、ギグではこのような進行を使って限りなく延長することが可能で、最後のコードでキューを出して曲を終わらせます。

▌参考レコーディング

- ▶ ジョン・コルトレーン   『Coltrane's Sound』
- ▶ ソニー・ロリンズ *featuring* ジム・ホール   『The Quartets』

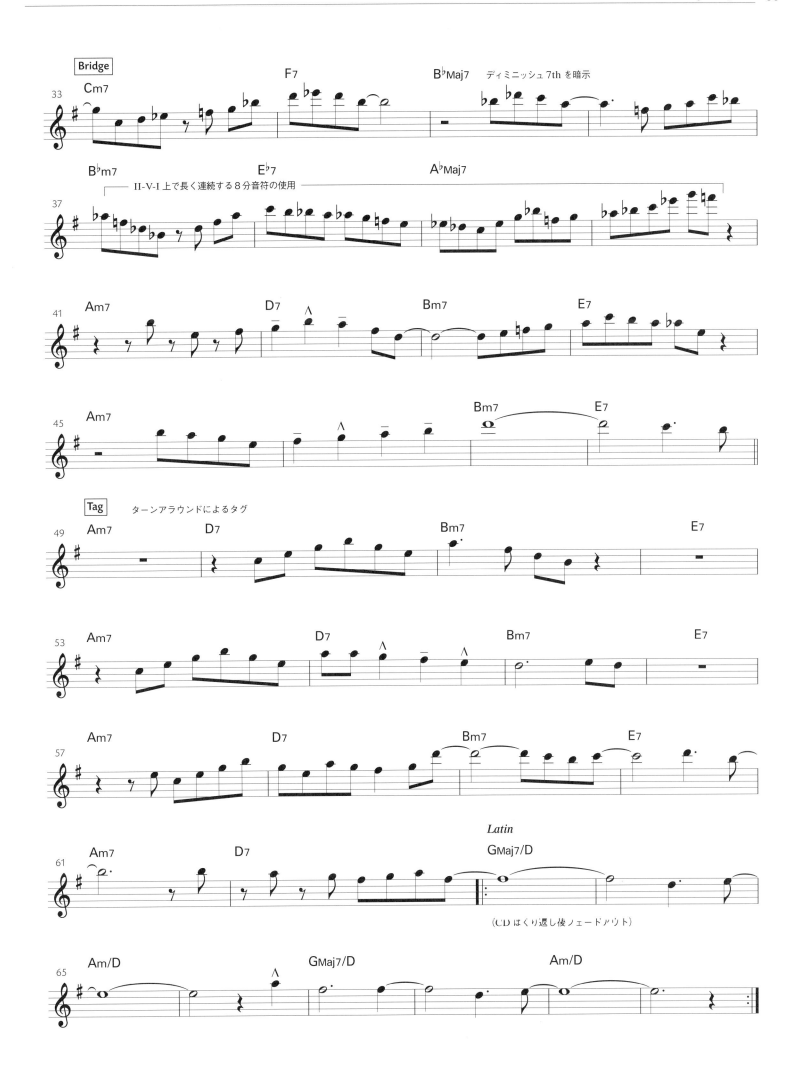

Appendix

スケールおよびそれらに基づくライン

ここでは、本書に出てくるラインの理論的な根拠となっているスケールの多くを示しています。コード・シンボルとともに、そのコードのサウンドを決定づける重要な音、またそのコードに対応するラインおよびエチュードの中から抜粋したラインも示しています。

> **ライン同士が比較しやすいように、抜粋したラインはすべてＣキーに移調されています。**

あるラインが曲のコンテクストの中でどのように使われているかを考えることは、とても重要です。例えば、以下で紹介するスケールの多くは他のスケールのモードであり（例：ミクソリディアン・スケール → メジャー・スケールの第５モード，スパニッシュ・スケール → ハーモニック・マイナー・スケールの第５モード）、モードが属しているキーと関連したメロディとして使用されています。言い換えれば、スケール／モードはコードと表裏一体であり、あるコード進行上で機能するメロディの音の供給源となっています。

エチュード６　**Confirmed**（p.27）

Ｃ₇コードのラインはＣミクソリディアン・スケールを構成しています。しかしライン全体のメロディ的な内容に基づいて考えると、このスケールはＦメジャーとしての音楽的コンテクストの中にあることがわかります。

このような考え方の**例外**は、コードの数が少ない**モーダル・チューン**（エチュード５ Voyage，エチュード８ Freedom，エチュード10 Trane's Thing）です。ラインが**インサイド**である場合、多くはそのコードに基づいたキーとして聴こえます。下のラインは明らかにＣマイナーとして聴こえ、そして実際にＣマイナー・ペンタトニック・スケールに基づいています。

エチュード10　**Trane's Thing**（p.39）

> **次ページは、コード／スケールと実際のライン（フレーズ）の抜粋です。すべてＣキーに移調しています。**

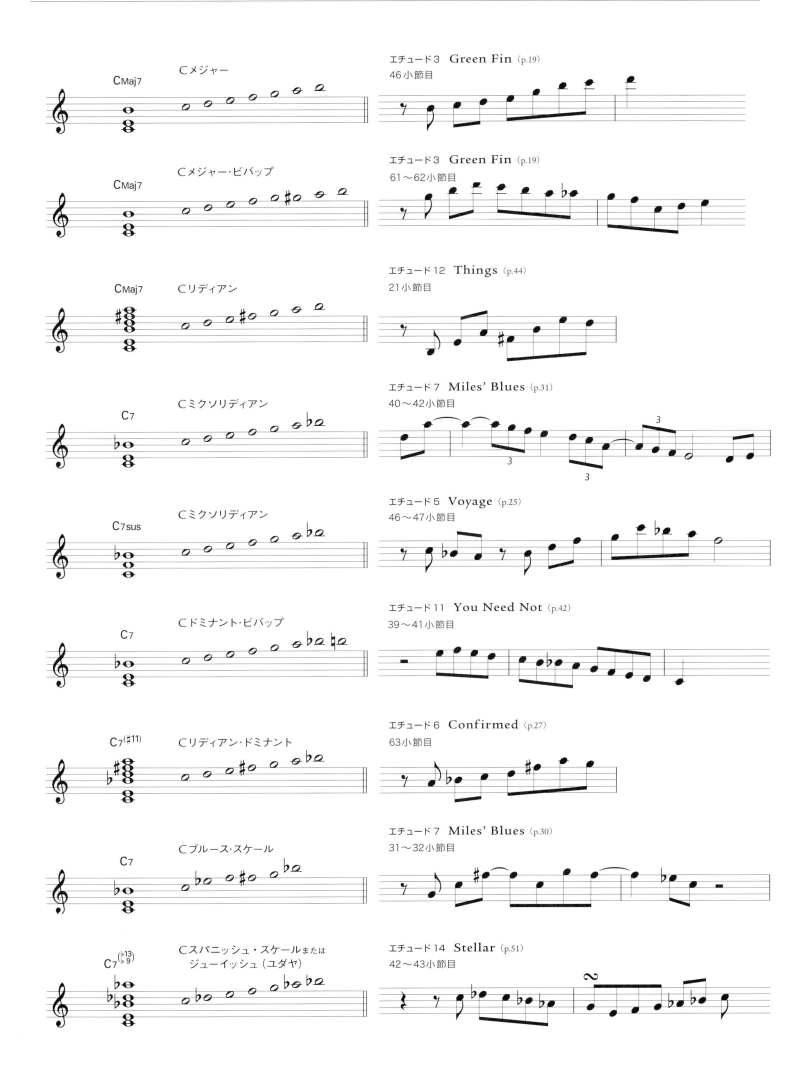

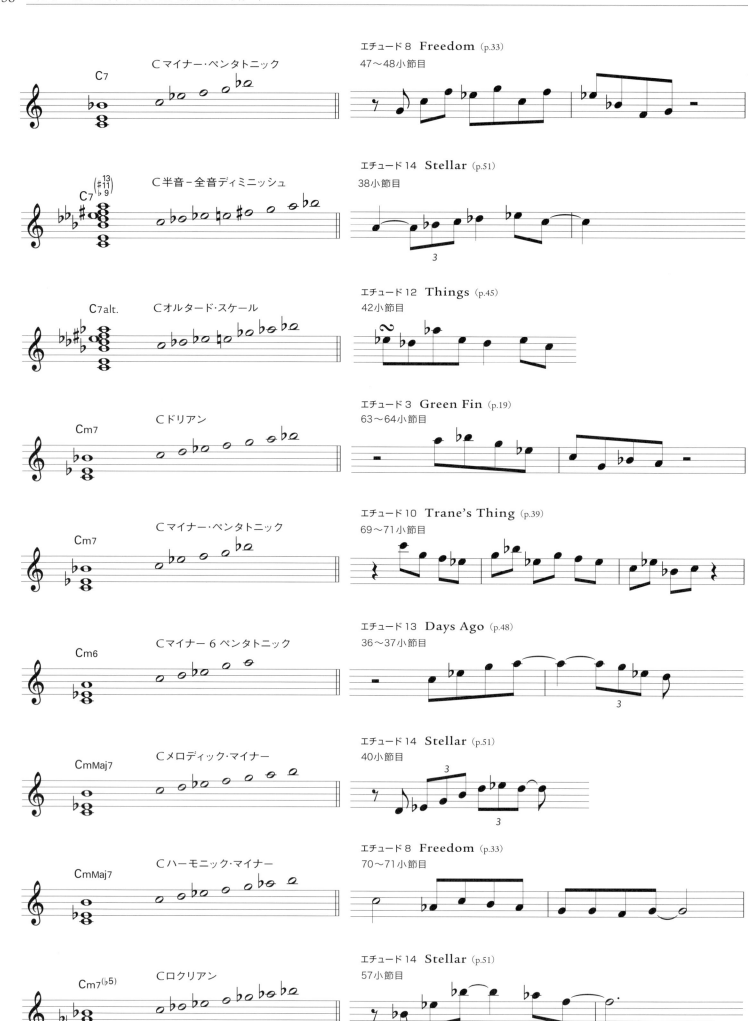

インプロヴィゼイションに応用できるラインとメロディからの抜粋

さまざまなコード／キーにおけるラインおよびメロディのアイディアを学ぶことにより、意味のあるソロを創り出すために必要なボキャブラリーが身につくでしょう。1つのキーの中に収めた方がよいものも、また（通常狭い範囲の）さまざまなキーにまたがって、うまく機能するラインやアイディアもあります。

Cキーに移調されているいくつかのラインをすべてのキーで練習してみましょう。この練習は、より複雑なチェンジでインプロヴァイズする能力を大きく高め、テクニックを強化し、またキー・センターを見分けるためにも役立ちます。

あるラインが気に入ってソロを演奏する時に使いたいと思った場合には、必ずそのラインを覚えなくてはなりません。ラインを覚える時、ほとんどの人は、音をコードまたはスケール上の位置で考えます。それと同時に、**ラインのサウンドをあらかじめ耳の中で鳴らせる**ようにしましょう。これは、ラインを完全に自分のものとして、必要な時にいつでも演奏できるようにするためです。

エチュード12 **Things** （p.44）
25 ～ 28 小節目

いくつかのラインを覚えたら、エチュードに戻り、**コンテクストの中でどのようにラインが用いられているか**を確かめます。タイミング（ラインやアイディアのつなげ方）とペーシング（ソロの展開の仕方）が非常に重要で、この2つによって明確な流れが創り出され、さまざまなアイディアが互いに補完し合うようになるのです。コンテクストを学ばないと、機械的なサウンドのソロになってしまうでしょう。

ラインの抜粋（すべてCキーに移調）

メジャー・キーのIコードに解決する2小節のⅡ-Ⅴ（Dm7-G7-CMaj7）

マイナー・キーのⅠコードに解決する２小節のⅡ-Ⅴ（Dm7(♭5)-G7-Cm）

メジャー・キーのⅠコードに解決する２小節のⅡ-Ⅴ

（Dm7-G7-CMaj7　特に示された場合を除く）

マイナー・キーのⅠコードに解決する１小節のⅡ-ⅤまたはⅤ
（Dm7(♭5)-G7(♭9)-Cm　特に指定がある場合を除く）

ブルース・アイディア

ペンタトニック・ライン
（C マイナー・ペンタトニック、特に示された場合を除く）

C7上のノン・ペンタトニック・ライン

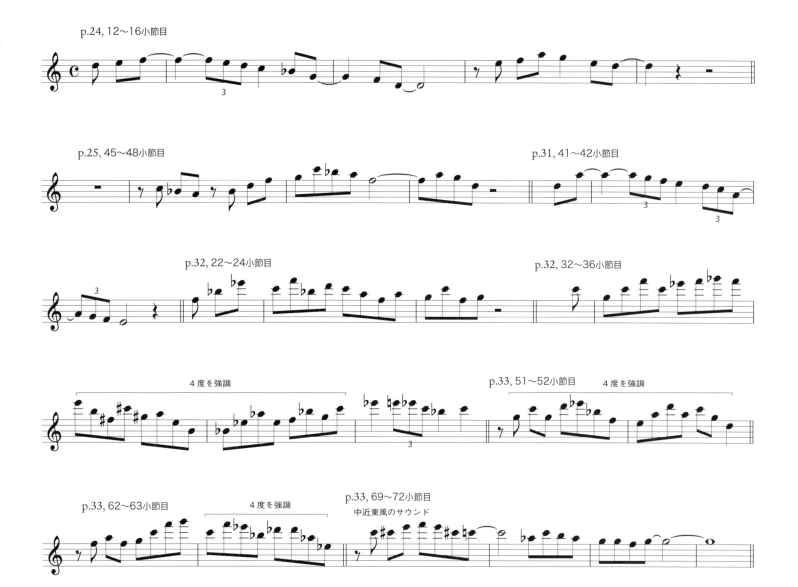

著者について

■ ジム・スナイデロ（*Jim Snidero*）

1981年よりニューヨークに在住、リーダーとして数多くのレコーディングを行うとともに、ミンガス・ビッグ・バンド，秋吉敏子ジャズ・オーケストラ，フランク・シナトラ，エディ・パルミエリ，ジャック・マクダフ，コンラッド・ハーウィグ，ウォルト・ワイスコフ他、多くの重要なジャズアーティストたちとパフォーマンスやレコーディングを行う。リーダーとしての13作のレコーディングのうち、2枚はメジャー・レーベル Milestone Records からリリース（『Strings』『Close Up』の日本盤はJVCからリリース）。また米 Down Beat 誌では「マスター・ミュージシャン、そしてアルト・サックスの名手」と評されている。現在のジャズ・シーンにおいて、卓越したアルト・サックス奏者／コンポーザー／著者として、高い評価を受けている。

ニューヨークのニュー・スクール大学で教鞭をとりながら、セルマーのクリニシャンも務める。ダダリオのリードを推奨。既刊である2段階のレベルのエチュード、**イージー・ジャズ・コンセプション・シリーズ**（初級編）および**ジャズ・コンセプション・シリーズ**（中級編）は、世界各国で広く愛用されている。

Web サイト：**www.jimsnidero.com**（英語サイト）

ソロイストについて

■ フルート：**ルー・タバキン**（*Lew Tabackin*）

実に独創的なフルート奏者であり、過去30年あまりの間に、Down Beat 誌の評論家および読者投票で数度にわたって1位を獲得している。リーダーとして数多くの作品を世に出し、また自ら率いるバンドで、主要なジャズ・フェスティバルを含め、世界中でパフォーマンスを行う。シェリー・マン，チャーリー・ヘイデン，フレディ・ハバードなどのグループでも共演を重ね、また数々の賞を受賞した秋吉敏子ジャズ・オーケストラのフィーチャード・ソロイストを30年間にわたって務めた。

リズム・セクションについて

■ ピアノ：**デヴィッド・ヘイゼルタイン**（*David Hazeltine*）

世界のジャズシーンにおいて最高レベルのピアニスト。1992年よりニューヨークに在住、サイドマンとしては、フレディ・ハバード，ジェームス・ムーディ，ジョン・ファディス，カーネギー・ホール・ジャズ・バンドなど多数と共演。リーダーとして高評価を得た30作を超えるレコーディングを行い、また、指導者としては Jamey Aebersold の Summer Jazz Workshop をはじめ、幅広い実績をもつ。

■ ベース：**ピーター・ワシントン**（*Peter Washington*）

30年以上にわたり多くのレコーディングに参加してきたジャズ・ベーシスト。Criss-Cross レーベルだけでも50作を超えるレコーディングに参加している。アート・ブレイキー＆ザ・ジャズ・メッセンジャーズに数年間在籍、またジャズ・ピアノの巨匠トミー・フラナガントリオのベーシストを長年務めた他、多くのグループで演奏経験をもつ。1985年よりニューヨークに在住。

■ ドラムス：**ケニー・ワシントン**（*Kenny Washington*）

約40年にわたってニューヨークのジャズ・シーンの要として活躍。ジョニー・グリフィン，ミルト・ジャクソン，シダー・ウォルトン，ベティ・カーター，トミー・フラナガンをはじめ、多くの大物ジャズ・ミュージシャンたちからファーストコールされる人気ドラマー。これまでに100作を超えるレコーディングに参加している。

（※ 2005年出版当時のプロフィール）

スタンダード曲やブルースなどの定番曲のコード進行と
プレイアロング（模範演奏 & マイナス・ワン）CD で学ぶ
楽器別／レベル別練習曲シリーズ

初級編

楽器もジャズもイチからやりたい
はじめてのジャズ・エチュード

はじめてのジャズ・エチュード
イージー・ジャズ・コンセプション
フルート

フルート：ジム・スナイデロ
エチュード：全 15 曲掲載
定価：本体 3,000 円 + 税

中級編

楽器は演奏できるのにジャズらしくならない
中級者へのステップアップ

インターミディエイト・
ジャズ・コンセプション
フルート

フルート：ルー・タバキン
エチュード：全 15 曲掲載
定価：本体 3,300 円 + 税

上級編

王道のエチュード＆マイナスワン
シリーズ上級編

本格的ジャズ・エチュードの定番
ジャズ・コンセプション
フルート

フルート：フランク・ウェス
エチュード：全 21 曲掲載
定価：本体 4,000 円 + 税

上級編

ジャズ・コンセプション姉妹書
ラテン・ジャズ・スタイル

＊ジム・スナイデロ 著
ジャズ・コンセプションとは
別シリーズとなります

ブラジリアン & アフロ・キューバン
ジャズ・コンセプション
フルート

著者：フェルナンド・ブランダオ
トロンボーン：フェルナンド・ブランダオ
エチュード：全 15 曲掲載
定価：本体 3,500 円 + 税

中級者〜上級者

ビバップ・エチュード フルート   CD付

著者：Jim Snidero（ジム・スナイデロ）
演奏：Anders Bostrom（アンダース・ボストロム）
定価：本体 3,200 円 + 税

あらゆるジャズ・スタイルのベースには ビバップがある！（ジム・スナイデロ）

- 楽器別全 6 冊（アルト、テナー、トランペット、トロンボーン、フルート、クラリネット）
- 10 曲のエチュードは、Parker、Monk、Miles、Bud、Horace、Dizzy、Rollins、Coltrane ほか、ビバップ期のジャズ・マスターたちのスタイルを踏襲
- 楽譜には各巻の模範演奏者（ソロイスト）が演奏した通りのアーティキュレーションを表示
- 各エチュードの解説ページには、理論的な分析、ソロのコンセプト、練習方法などのポイントを掲載
- 巻末には参考音源、参考動画、参考文献、Sonny Stitt に関するインタビューなどを掲載
- 付属 CD には、一流ミュージシャンによるハイクオリティな模範演奏とマイナスワン・トラックを収録

初級者〜中級者

読譜と演奏力を身につける
ジャズ・フルート リズム練習＆エチュード   CD付

著者：Fred Lipsius（フレッド・リプシアス）
演奏：Matt Marvuglio（マット・マルブグリオ）
定価：本体 3,000 円 + 税

やさしいリズム練習と本格的エチュードで ジャズ・ソロの基本をマスター

有名なジャズ・スタンダードやブルースのコード進行に合わせてメロディが書かれ、読譜力とジャズの演奏力を向上させるための CD付エチュード集です。応用編 1 曲を含む全 24 曲のエチュードは、ジャズで定番のメロディック・リズム・パターンをテーマにしており、**ジャズらしいリズムを意識して練習すると**、オリジナル・ソロ（アドリブ）が創れるようになります。

各曲は、**エチュードバージョン**と、コードの種類やサウンドを決定する重要な音のみを使って難易度を下げた**エチュードのためのガイドトーンを使ったリズム練習バージョン**の 2 種類の楽譜を掲載しています。

初級者〜中級者

ジャズインプロヴィゼイションのための必須ツール
ブルース・スケール Cインストゥルメンツ   CD付

著者：Dan Greenblatt（ダン・グリーンブラット）
定価：本体 3,500 円 + 税

ブルース・スケールの基礎構造から 多彩な実例まで

ジャズの最も基本的なブルース・ヴォキャブラリーを学ぶことは無限の応用力を秘めています。本書は、複数のブルース・スケールを使って説得力のあるブルージーなジャズ・ソロを創る方法を習得します。多くのミュージシャンがブルース・スケールをスタンダード曲のメロディやインプロへの活用例を詳細な解説とともに検証しています。

- レスター・ヤングなどのスウィングの巨匠
- チャーリー・パーカー、ディジー・ガレスピーなどのビバップ・プレイヤー
- デクスター・ゴードン、ホレス・シルヴァー、キャノンボール・アダレイ、マイルス・デイヴィスなどのモダン・インプロヴァイザーやコンポーザー
- マイケル・ブレッカー、デイヴィッド・サンボーン、ジャコ・パストリアスなどのファンクやフュージョンのプレイヤー など

初中級者〜上級者

ザ・ジャズ・セオリー

著者：Mark Levine（マーク・レヴィン）
定価：本体 7,600 円 + 税

世界的ベストセラー！
一生使えるジャズの百科事典

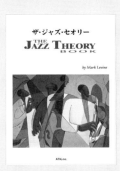

ディジー・ガレスピー、ボビー・ハッチャーソンなどと共演してきたジャズ・ピアニスト、マーク・レヴィンによるジャズ理論書の世界的名著。

コードとスケール／メジャー・スケールと II-V-I 進行／ビバップ・スケール／ペンタトニック・スケール／ブルース／「I've Got Rhythm」のチェンジ／リハーモナイゼーション／スラッシュ・コード／リード・シートの読み方など、ジャズ・ミュージシャンに必要な理論や具体例を 1 冊に集約。丁寧な音楽理論の解説はもちろんのこと、本書の最大の特徴である膨大な具体例とデータにより、ただ理論を説明して終わりではなく、歴代のジャズ・ミュージシャンたちが作ってきたさまざまな作品、サウンドを理論的に考察できます。

初中級者〜上級者

コードとスケールを徹底理解
ジャズ & ポップスのための基礎音楽理論

著者：Frank Haunschild（フランク・ハウンシルド）
定価：本体 3,000 円 + 税

演奏、アドリブ、作編曲などの
あらゆる面で役立つ知識

音楽理論の基礎は、まずコードとスケールの関係を理解することです。本書ではその事前準備となるインターヴァル（音程）、ハーモニーの土台となる倍音列、基本的な記譜法などから始め、楽譜が苦手な方でもワンステップずつ進んでいくことができます。最終的に本書に出てくるスケールとコードを理解すれば、現在使われているスケールとコードをほぼ網羅したことになります。

「音楽理論」といえば少し敷居が高く感じてしまいますが、本書は独学でも理解しやすいように徹底的に丁寧な解説をしています。さまざまな局面に自信を持って対応したい、もう一度音楽理論を学び直したいなど、向上心のあるすべてのプレイヤーへおすすめします！

初中級者〜中級者

改訂版 相対音感をマスターするための
イヤー・トレーニング vol.1

2枚組
CD付

著者：Armen Donelian（アーメン・ドネリアン）
定価：本体 5,000 円 + 税

すべての音楽をやる上で欠かせない"音楽的な
耳"を鍛え、高度なインプロにも対応！

ジャズ教育の長い歴史があり、著名なアーティストを数多く輩出してきたニュースクール大学の授業内容を基に、独習者にも効率よく練習できるように編集されたメソッドです。2音間の音程を聴き取る基本から始めて、コードの転回形の聴き取りまで順を追って練習を進め、相対音感を身につけるためのトレーニングを行います。リズムを体でタップするエクササイズも掲載されており、音楽の三大要素であるリズム、メロディ、ハーモニーへの感覚を複合的に発達させ、音楽的な耳を育てることができます。

ジャズ・インプロヴィゼイションに必要な要素に焦点を合わせてありますが、掲載されている各種のエクササイズは、さまざまなジャンルの音楽を学ぶすべての人たちにも役立つものです。

著者について　About The Author

Jim Snidero　ジム・スナイデロ

ニューヨーク在住のアルト・サクソフォン・プレイヤー/作曲家。

EMI、Milestone、Savant その他のレーベルからソロやサイドマンとして
50 以上の作品をレコーディングし、Downbeat Magazine のクリティクス
およびリーダーズポールに輝く。またジャズ・コンセプション・シリーズの著
者としてもよく知られ、インディアナ大学/プリンストン大学の教授として、
ニュースクール/コンテンポラリー・ミュージックの講師としても活躍する。

セルマー・サクソフォン、ダダリオ・リードを使用。

ジム・スナイデロ ウェブサイト
www.jimsnidero.com

監修者プロフィール

佐藤 研司（Sato Kenji）

サックス・プレイヤー/コンポーザー/アレンジャー

バークリー音楽大学にてジョー・ヴィオラ、ジョージ・ガゾーンらに師事した後、ジョージ・ラッセルのもとに学び、リディアン・クロマティック・
コンセプトの公認講師資格を得る。1998年に帰国以来さまざまなシーンでパフォーマー/音楽講師として活動中。トラディションは大事にする
がジャンルを問わない自然派アーティストを目指し、自作楽器での演奏なども行う。また、ATN の海外教則本、DVD などの翻訳/監修を担当。

ご注文・お問い合わせは

 ホームページ　**https://www.atn-inc.jp**

 お電話
10:00〜18:00
（土・日・祝日は除く）　**03-6908-3692**

✉ メール　**info@atn-inc.co.jp**

ATN, inc.

ジャズ・コンセプション・シリーズ 中級編
インターミディエイト・ジャズ・コンセプション
フルート

JIM SNIDERO
INTERMEDIATE JAZZ CONCEPTION *Flute*

3785 - 1 (3)

発　行　日	2006年　7月20日（初 版）
	2024年　6月20日（第2版1刷）
著　　　者	Jim Snidero（ジム・スナイデロ）
翻　　　訳	愛川 篤人
監　　　修	佐藤 研司
発行・発売	株式会社 エー・ティー・エヌ
	© 2006, 2024 by ATN,inc.
住　　　所	〒161-0033
	東京都新宿区下落合 3-12-21 目白エミネンス102
	TEL 03-6908-3692　FAX 03-6908-3694
ホームページ	https://www.atn-inc.jp

ISBN978-4-7549-3785-0